GUIA *ESSENCIAL* DE CURITIBA

GUIA ESSENCIAL DE CURITIBA

SABORES, COSTUMES E DICAS ESPECIAIS PARA DESCOBRIR O MELHOR DA CIDADE

1ª EDIÇÃO

PULP EDIÇÕES
CURITIBA - 2010

Nesta edição, respeitou-se o Novo Acordo Ortográfico da Língua Portuguesa.

PROJETO EDITORIAL: Pulp Edições
PROJETO GRÁFICO E DIAGRAMAÇÃO: Patricia Papp
COMPILAÇÃO E PREPARAÇÃO DE TEXTOS: Vicente Frare e Fernanda Ávila
ILUSTRAÇÕES: Rimón Guimarães (Banzai Studio)
EDITOR DE FOTOGRAFIA: Nilo Biazzetto Neto
FOTOS: alunos do Grupo Liberdade Fotográfica da Portfolio Escola de Fotografia
REVISÃO: Mônica Ludvich
TRADUÇÃO: Maria Carolina Vivacqua
APOIO: Restaurante Madalosso e Instituto Municipal de Turismo - Curitiba Turismo

AGRADECIMENTOS: Guilherme Weber, Angélica Fenley Belich, Roberto Arad e Daniele Brito pelos depoimentos; a Maí Mendonça, da Secretaria de Comunicação da Prefeitura de Curitiba, pela primeira revisão das informações; e ao Instituto Municipal de Turismo - Curitiba Turismo, pelo apoio.

Dados Internacionais de Catalogação na Publicação (CIP)
Bibliotecária responsável: Maria Inês Meinberg Perecin - CRB 9/1131

338.4791
G943 Guia essencial de Curitiba - sabores, costumes e dicas especiais para descobrir o melhor da cidade. Tradução de Maria Carolina Vivacqua, ilustrações de Rimon Guimarães. Curitiba: Pulp Edições, 2010.
120p, il

ISBN: 978-85-63144-03-4

1. Curitiba - guia turístico. I Maria Carolina Vivacqua II Rimon Guimarães

PULP EDIÇÕES LTDA
Rua Júlio Perneta, 828c
80810-110 - Curitiba - Brasil
tel.: (41) 3308 4097
www.pulpideias.com.br

GUIA *ESSENCIAL* DE CURITIBA

ÍNDICE
CONTENTS

OLÁ

HI

Bem-vindo ao Guia Essencial de Curitiba. Preparamos este guia pensando tanto nas pessoas que vêm visitar a cidade quanto nos curitibanos que querem conhecer novas facetas da capital ou revisitar seus locais favoritos. Buscamos informações interessantes e que abram os olhos de todos para a enorme oferta cultural e histórica que Curitiba tem. Neste guia você vai encontrar dicas e sugestões para aproveitar melhor a sua visita. Boas descobertas!

Welcome to the Essential Guido to Curitiba. This guide has been prepared for those who come visit the city as well as for the Curitibanos who want to discover new features of the capital or revisit their favorite sites. We looked for interesting and eye-opening information so you got to know about the enormous range of culture and history that Curitiba has to offer. Along these pages you will find tips and suggestions to better enjoy your visit. Happy discoveries!

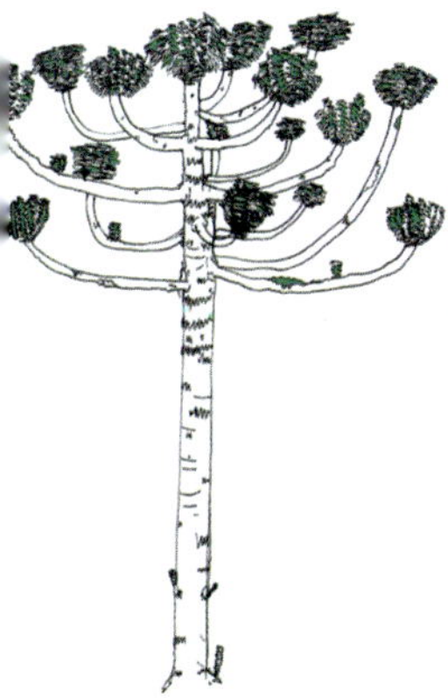

QUEM SOMOS

ABOUT US

Curitiba tem cerca de 3 milhões de habitantes. É uma cidade moderna, cosmopolita e cada vez mais aberta ao mundo, com fortes influências de várias ondas de imigrantes europeus, árabes e orientais. A capital paranaense tem fama de ser bem planejada, organizada, ecológica e povoada por gente educada. Há também a corrente da oposição, que acha o curitibano fechado e antipático. Convidamos você a nos conhecer e tirar suas próprias conclusões.

Curitiba has about 3 million inhabitants. It is a modern, cosmopolitan city, increasingly open to the world with strong influences from various waves of European, Arab and Oriental immigrants. The capital of Paraná has a reputation for being well planned, organized, green and filled with well-behaved citizens.There is also an opposition group who thinks that Curitibanos are cold and unfriendly. We invite you to visit our city, get to know us a little better and draw your own conclusions.

OS CURITIBANOS
THE CURITIBANOS

88% se consideram felizes, alegres e descontraídos

consider themselves happy, cheerful and relaxed

85% gostam de receber visitas de amigos em casa

like to have friends over at home

82% gostam de conhecer pessoas diferentes e fazer novas amizades

like to meet different people and make new friends

Fonte: Retrato da Grande Curitiba, Gazeta do Povo.
Source: Portrait of Greater Curitiba, Gazeta do Povo.

Pergunta típica de um curitibano para um visitante:
A Curitibano's typical question to a visitor:

Até quando você fica aqui?

When are you leaving?

DE ONDE VIEMOS *WHERE WE CAME FROM*

Antes da chegada dos europeus, quem morava na região eram os índios Tingui, palavra que significa "nariz fino". Eles chamavam as terras cobertas de araucárias de *kur yt ywa*, que significa "pinheiros em abundância". Em seguida, vieram os garimpeiros, os bandeirantes e os tropeiros. A vila tornou-se um local de passagem na rota do transporte de gado entre as fazendas do Rio Grande do Sul e os mercados de São Paulo. Com seu crescimento, vieram os escravos africanos. Após a Independência do Brasil, em 1822, chegaram diversas levas de imigrantes europeus, árabes e orientais, principalmente alemães, italianos, poloneses, libaneses, ucranianos e japoneses. Assim formou-se a diversidade étnica e cultural que caracteriza a cidade nos dias de hoje.

クリチバ

Curitiba em japonês

Curitiba in Japanese

Chegada dos portugueses
Portuguese arrival
22 abr 1500

Fundação de Curitiba
Curitiba's foundation
29 mar 1693

Independência do Brasil
Brazil's Independence
7 set 1822

Proclamação da República
Brazil becomes a Republic
15 nov 1889

Before the Europeans, the Tingui (meaning "thin nose") tribe used to live here. They called the land covered with Araucaria tree by kur yt ywa, meaning "pine trees in abundance." Then came the gold prospectors, the pioneers and cattle drivers. The village became a crossing point in the cattle routes from the farms in Rio Grande do Sul to the markets in São Paulo. With its growth, slaves from Africa were brought in. After Brazil's Independence, in 1822, several waves of European, Arab and Oriental immigrants arrived. Most of them from Germany, Italy, Poland, Lebanon, Ukraine and Japan. Thus, the ethnic and cultural diversity, which characterizes the city until today, was formed.

CLIMA IMPREVISÍVEL

UNPREDICTABLE WEATHER

Curitiba está a 930 metros acima do nível do mar e as temperaturas são imprevisíveis. Pode fazer calor equatorial em meados de julho ou frio glacial no Natal. Ou os dois no mesmo dia. No inverno, a neblina fecha o aeroporto e congela os ossos.

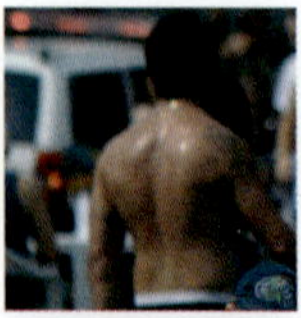

A dica é sair de casa vestindo roupas em camadas. Um guarda-chuva que caiba na bolsa também é recomendado. As frentes frias vêm do Sul. Se fez frio na segunda-feira em Porto Alegre, na quarta com certeza ele estará por aqui.

Em dias de sol e calor, o curitibano muda completamente de humor. Mas se a onda dura mais do que três dias, as pessoas começam a reclamar, as lojas ficam sem ventiladores e, no fundo, todos torcem para o friozinho voltar.

Curitiba stands at 3,051 feet above sea level and temperatures are unpredictable. It can be boiling hot in mid-July or ice cold at Christmas. Or both on the same day. During winter, the fog closes the airport down and freezes us to the bones.

The hint is to leave the house wearing clothes in layers. Those umbrellas that fit in a bag are also recommended. The cold fronts come from the south. If it's cold on Monday in Porto Alegre, on Wednesday it'll definetly be cold here.

On warm and sunny days, the Curitibanos' mood changes completely. But if the hot weather lasts longer than three days, people start complaining, shops run out of fans and, deep inside, everyone hopes it gets cold again soon.

Em julho de 1975 **NEVOU** e fez **-6 °C**

In July 1975 it SNOWED and it was 21° F

FRIO, CALOR, FRIO

COLD, HOT, COLD

Preparamos uma tabela das temperaturas médias na cidade durante o ano. Lembre-se de que elas servem apenas de referência, já que El Niño e o aquecimento global também chegaram a Curitiba.

We prepared a chart of the average temperatures in the city throughout the year. They serve just as a reminder since El Niño and global warming have also arrived in Curitiba.

Temperaturas médias durante o ano

Average temperatures year-round

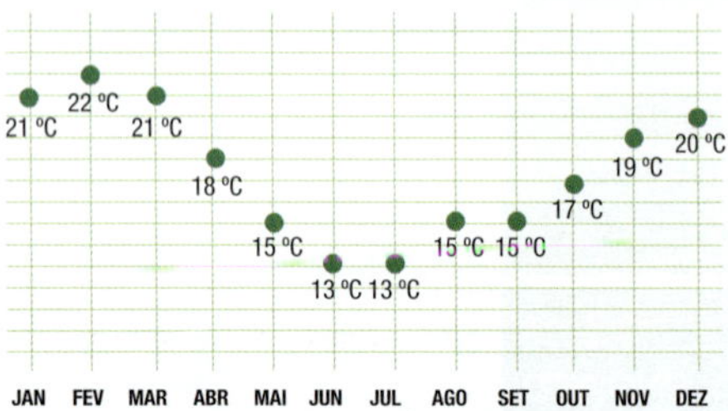

Fonte: www.weatherbase.com

CHOVE CHUVA

AND IT RAINS

O mesmo vale para as chuvas, que em certas épocas do ano parecem intermináveis.

The same goes for the rain, which seems unstoppable at certain times of the year.

Precipitação média anual, em mm

Average rainfall, in mm

Fonte: www.canaldotempo.com

CURITIBANÊS

CURITIBANESE

O sotaque curitibano é forte e pesado. Carregamos muito na letra E do final das palavras (leite quente) e nos Rs, que são bem pronunciados. Também adoramos adicionar um E em certas palavras, como adEvogado, shortEs e ChocomilkE. Há também muitas palavras típicas daqui. Veja ao lado.

The "Curitibanese" accent is strong and marked. The E is clearly pronounced at the end of words (like "leiteh quenteh") and the Rs, either in the middle or in the end, are strong. We also like to add an E here and there, like in adEvogado (lawyer), shortEs and ChocomilkE. There are also many typical words in our language. Check on the next page.

"Eu não sou gato de Ipanema, sou bicho do Paraná"

Um jingle dos anos 1980

"I'm not an Ipanema cat (good-looking guy), I'm a Paraná beast (born and raised)"

An 1980's jingle

apurado: com pressa de ir ao banheiro / *(lit.: in a hurry) – desperately in need to go to the bathroom.*

bexiga: balão de festa infantil / *(party balloon) – children's party balloon.*

canaleta: faixa de rua específica para ônibus biarticulados (outra palavra típica)/ *(bus lane) – a dedicated lane for the biarticulado bus (another typical word).*

de lambuja: facilmente. Ex.: "Meu time ganhou de lambuja" / *(lit.: tip) – to do or get something easily.*

descer: ir para a praia. Ex.: "Vou descer neste fim de semana" / *(lit.: to go down) – to go to the beach.*

do tempo do epa: coisa velha, datada / *old and outdated stuff.*

calcule: imagine. Ex.: "Calcule só o que aconteceu" / *(lit.: to calculate) – to imagine.*

chavear: trancar com chave. Ex.: "Chaveie a porta depois de sair" / *(lit.: to lock) – lock a door using a key, the act of turning a key to lock.*

pousar: dormir. Ex.: "Vou pousar na casa dela hoje" / *(lit.: to land) – to sleep over at someone's place.*

tigrada: gente brega / *(lit.: a swift of tigers) – tacky people.*

piá: menino / *a boy.*

penal: estojo para guardar lápis e canetas no colégio / *a pencilcase.*

vina: salsicha / *sausage.*

MANIA DE CURITIBANO *TYPICALLY CURITIBANO*

Nós adoramos dar nomes pomposos para certos bairros a fim de valorizá-los e torná-los mais atraentes. Você pode se confundir ao escutar nomes diferentes para nos referirmos ao mesmo lugar.

Bigorrilho é **Champagnat**.
Mossunguê é **Ecoville**.
Vista Alegre é **Jardim Schaffer**.
Avenida Nossa Senhora Aparecida e Bispo Dom José são também chamadas de **Avenida do Batel**.
Alto da XV é toda a região que engloba Cabral, Juvevê, Cristo Rei, Hugo Lange e Alto da Glória. Na realidade, o Alto da XV é apenas um bairro vizinho de todos esses.
CIC (pronuncia-se "sique") é o bairro Cidade Industrial de Curitiba.

We love changing the names of certain neighborhoods in order to make them sound fancier. You may get confused by hearing us use different names to refer to the same place.

Bigorrilho is **Champagnat**.
Mossunguê is **Ecoville**.
Vista Alegre is **Jardim Schaffer**.
Avenida Nossa Senhora Aparecida and Bispo Dom José are also called **Avenida do Batel**.
Alto da XV is the region that encompasses Cabral, Juvevê, Cristo Rei, Hugo Lange and Alto da Glória. Alto da XV is only one neighborhood near all those others.
CIC (pronounced "seekeh") is a neighborhood called Cidade Industrial.

PERSONAGENS E LENDAS

CHARACTERS AND URBAN LEGENDS

Como qualquer cidade, Curitiba também tem suas lendas e personagens. Histórias que fazem parte do imaginário popular e da paisagem urbana.

Curitiba has its legends and characters, like in any other city. Stories that are part of popular imagination and the urban landscape.

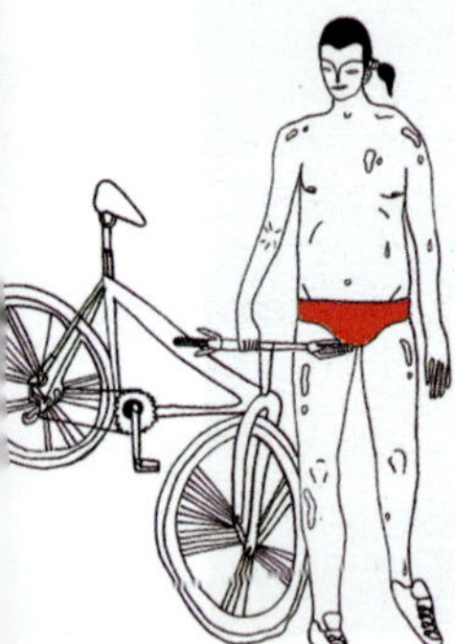

Oil Man: um cara fortinho, de rabo de cavalo e todo lambuzado de óleo que passa o dia pedalando só de sunga. Ele também faz cover do Elvis Presley. Não se preocupe, é inofensivo.

Oil Man: *a "chubby" guy, with a ponytail and his body smeared in tanning oil, spends the day riding his bike only in swimming trunks. He also does impressions of Elvis Presley. Don't worry, he is harmless.*

Efigênia: a "rainha do papel de bala" é poetisa, artista plástica e filósofa. Fala em verso e vive adornada com enfeites de papel.

Efigênia: *the "queen of candy wrappers" is a poet, an artist and a philosopher. She speaks in verse and wears paper ornaments.*

Loira Fantasma: uma alma penada muito bonita que assusta os taxistas. Não se preocupe, ela só entra em táxis vazios.

The Blonde Phantom: *a beautiful ghost that scares taxi drivers. Don't worry, she only gets in empty cabs.*

Maria Bueno: uns dizem que era prostituta, outros, mulher de espírito livre. Foi degolada pelo namorado no século XIX e virou uma santa informal. Seu túmulo recebe muitos devotos até hoje.

Maria Bueno: *some say she was a prostitute, others that she was a free spirited woman. Beheaded by her boyfriend in the 19th century she eventually became an "informal" saint. Her grave is visited by many devotees until today.*

Dois escritores curitibanos muito conhecidos são Dalton Trevisan, de "O Vampiro de Curitiba", e Cristovão Tezza, de "O Filho Eterno".

Two well known writers from Curitiba are Dalton Trevisan - "The Vampire from Curitiba" - and Christovão Tezza - "The Eternal Son".

ETIQUETA
CITY ETIQUETTE

A fama de cidade limpa não é em vão. O genuíno curitibano não joga lixo na rua e não suporta ver forasteiros sujando sua cidade. Por isso, se abriu uma bala, guarde o papel no bolso e espere chegar até a lixeira mais próxima para jogar fora. Fila também é questão de honra para os curitibanos. Fazemos fila para tudo. Nunca fure uma quando estiver por aqui.

It is not in vain that Curitiba is famous for being a clean city. The genuine Curitibano doesn't litter the streets and can't stand seeing foreigners messing up their city. So if you unwrap a candy, keep the paper in your pocket until you find the nearest trash-can. Lining up is also a very meaningful issue in Curitiba. We line up for everything. Never push in while you're here.

Letra de música de Rita Lee

"Quero o essencial da vida, quero ser normal em Curitiba"

Song and lyrics by Rita Lee

"I want the essence of life, I want to be normal in Curitiba"

CORES
COLORS

Os táxis são laranja e pretos. Os ônibus expressos, das canaletas, são vermelhos e têm uma sanfona no meio. Os Interbairros são verdes, os Ligeirinhos são prata e os outros, amarelos. O uniforme da Guarda Municipal é azul. Os três principais times de futebol da cidade são o Atlético Paranaense, vermelho e preto, o Coritiba, verde e branco e o Paraná Clube, vermelho, azul e branco. O céu é cinza quase sempre e, nos dias frios de inverno, o verde gramado dos parques é coberto pela geada branca.

The taxis are orange and black. The Express buses, those on the bus lanes, are red and "fold" when turning. The Inter-disctrict buses are green, the Speedy buses are silver and the other buses are yellow. The park ranger's uniform is blue. The three top soccer teams in the city are Atletico Paranaense, red and black, Coritiba, green and white and Parana Clube, red, blue and white. The sky is often gray and, on cold winter days, the green lawn of the parks are covered in white frost.

DELÍCIAS

DELICACIES

Cachorro-quente de esquina: a vina é prensada para caberem recheios criativos, como batata-palha, frango desfiado, catupiry, queijo ralado ou vinagrete.

Street-vendor hot dog: *sausage is a detail for creative fillings such as matchstick potatoes, shredded chicken, grated cheese, or vinaigrette.*

Pierogi: pastel de batata típico da Polônia, recheado com ricota ou requeijão. A dica é experimentá-lo no Bosque do Papa.

Pierogi: *a Polish dish made of potato dough filled with cottage or cream cheese. Try it at the Bosque do Papa (Pope's Woods).*

Wimi: refrigerante de laranja da marca Cini, que também produz outro sucesso local, a Gengibirra, versão curitibana do Ginger Ale. Combina com pastel.

Wimi: *an orange soda from Cini, a local brand that produces other hits like Gengibirra, our version of Ginger Ale. It goes down well with "pastel".*

Pinhão: é a semente da araucária, árvore símbolo do Paraná. É servido cozido ou assado, mas também faz parte de diversas receitas, como sopas, bolos, farofas e fondues.

***Pinhão:** is the seed of the Araucária tree, symbol of Paraná. Served cooked or baked, it is also part of several recipes such as soups, cakes, "farofas" and fondues.*

Carne de onça: feita à base de carne crua, é uma releitura do hackepetter alemão ou do steak tartar francês. Considerada a mais curitibana das comidas de boteco.

***Carne de onça:** (lit.: tiger's meat) made of raw beef, it is a reinterpretation of the German hackepetter or the French steak tartare. Considered the most typical pub food in town.*

Barreado: carne cozida e desfiada servida com arroz, farinha e banana. Uma ótima opção é prová-lo em Morretes, depois de descer a serra de trem no Serra Verde Express.

***Barreado:** shredded and cooked meat served with rice, flour and banana. Our suggestion is to try it in Morretes, after the beautiful train journey on the Serra Verde Express.*

Cuque: bolo de vários sabores cobertos de farofa doce. Os mais famosos são os de banana e uva.

Cuque: *cake garnished with sweet "farofa". The most famous ones are filled with banana or red grapes.*

Polenta frita: uma visita a Santa Felicidade nunca é completa sem provar a polenta frita.

Fried polenta: *a visit to Santa Felicidade is never complete without trying the fried polenta.*

Quentão: na época das festas juninas tomamos muito quentão, que é feito de vinho tinto e especiarias como cravo, canela e gengibre.

Quentão: *mulled wine or glühwein made of hot red wine seasoned with spices, like cloves, cinnamon and ginger.*

Chineque: doce coberto de açúcar glaceado em forma de caracol (em alemão, schneke é "caracol"). Prove com Chocomilk nas melhores confeitarias da cidade.

***Chineque:** sweet cake in a snail shape, covered in icing sugar (in German, schnecke means snail). Try it with Chocomilk in some of the best bakeries in town.*

FEIRAS LIVRES NOTURNAS
(das 17h às 22h)

Feiras gastronômicas de bairro para experimentar as delícias da culinária curitibana.

TERÇA-FEIRA: S. Felicidade/Batel/Juvevê
QUARTA-FEIRA: Hugo Lange/Cabral/Alto da Glória
QUINTA-FEIRA: São Francisco/Água Verde
SEXTA-FEIRA: Champagnat

Night Open Markets
(from 5 to 10pm)

Neighborhood street fairs where you can try different delicacies.

TUESDAY: Santa Felicidade/Batel/Juvevê
WEDNESDAY: Hugo Lange/Cabral/Alto da Glória
THURSDAY: San Francisco/Água Verde
FRIDAY: Champagnat

RESTAURANTE MADALOSSO

MADALOSSO RESTAURANT

Você pode nunca ter ouvido falar da Ópera de Arame ou do Parque Barigui, mas tem uma coisa que todo mundo sabe: é aqui que fica o famoso Madalosso, restaurante eleito pelo Guinness Book como o maior da América Latina e segundo maior do mundo. Para se ter uma ideia, em dias de movimento, são atendidas 5.300 pessoas só para o almoço. Os números impressionam, mas é pela comida e pelo atendimento que ele conquistou tanto sucesso. Localizado em Santa Felicidade, serve frango à passarinho, polenta frita, espaguete, lasanha, radicchio com bacon e outras especialidades italianas que atraem turistas do mundo todo. Com um cardápio que se transformou ao longo do tempo, adaptando-se aos produtos da região, muita gente considera a comida do Madalosso como típica de Curitiba. Se você vier até aqui e não provar as suas delícias, definitivamente você não terá conhecido Curitiba tão bem.

People may have never heard of the Wire Opera House or the Bariqui Park but there's one thing everyone knows about Curitiba: here is where you'll find the famous Madalosso restaurant. It was elected by the Guinness World Records as the largest restaurant in Latin America and the second largest in the world. To have an idea, on a busy day 5,300 people are waited only at lunch time. The figure is impressive, but it is the food and service that made this restaurant such a success. Located in Santa Felicidade, it serves chicken, fried polenta, spaghetti, radicchio with bacon and other Italian specialties that attract tourists from all over the world. Its food has been adapted to the ingredients grown locally and many people consider it as the typical food from Curitiba. If you come here and do not taste the delights of Madalosso, you will definitely not know Curitiba that well.

Madalosso
Av. Manoel Ribas, 5875
tel.: 41 3372 2121

de segunda a sexta
monday to friday
das 11h30 às 15h
das 19h às 23h

fins de semana e feriados/*weekends and holidays*
das 11h30 às 15h30
das 19h às 23h30

madalosso.com.br

SONS DA CIDADE
SOUNDS OF THE CITY

Curitiba tem várias bandas e músicos. Alguns fazem mais sucesso fora de Curitiba do que na própria cidade. Monte uma trilha sonora curitibana para acompanhar a sua visita pela cidade em seu tocador de mp3.

Curitiba is full of great bands and musicians. Some are more famous abroad than over here. Create a soundtrack with local bands in your MP3 to go along with your visit.

Copacabana Club
Maxixe Machine
Celestines
Gente Boa da Melhor Qualidade
Charme Chulo
Wandula
Sabonetes
Glauco Sölter
Mordida
Anna Toledo
Bonde do Rolê
Banda Excelsior
Trio Quintina
No Milk Today

GUIA CURITIBA APRESENTA *WHAT'S ON IN CURITIBA*

A Fundação Cultural de Curitiba (FCC) edita todos os meses um guia chamado de "Curitiba Apresenta". Com toda a programação cultural local, é o guia mais completo do que ver e fazer em Curitiba. Pegue a sua cópia assim que chegar à cidade, para programar-se. É distribuído gratuitamente em hotéis, lojas, bares, restaurantes, museus e galerias de arte. Também é possível baixar a versão digital do guia clicando no banner Curitiba Apresenta, no site da FCC.
www.fundacaoculturaldecuritiba.com.br

The Cultural Foundation of Curitiba (FCC) publishes a monthly guide called Curitiba Apresenta with all the activities that are on in town. It is the most complete guide of what to do in Curitiba and you can get it for free in hotels, shops, bars, restaurants, museums and art galleries. Get your copy as soon as you arrive to start planning your visit. You can also download the guide by clicking on the Curitiba Apresenta banner at the FCC's website.
www.fundacaoculturaldecuritiba.com.br

LINHA TURISMO *TOURISM LINE*

A Linha Turismo é a maneira mais fácil de conhecer os principais pontos turísticos de Curitiba. São ônibus verdes de dois andares (ainda há algumas antigas jardineiras) que circulam de terça a domingo, das 9h às 17h30, a cada meia hora. Você paga R$ 20 e pode fazer quatro embarques (descer e subir nas paradas que escolher) entre os 25 pontos. Crianças menores de 5 anos não pagam. O trajeto inteiro é de 44 quilômetros e, sem descer em nenhum ponto, leva cerca de 2h30 para completar.

A saída mais pontual é a da Praça Tiradentes. Nas outras, tudo depende do trânsito. Sugerimos ler este guia enquanto espera o próximo ônibus chegar. Muitos pontos no centro da cidade ficam porto uns dos outros e são melhor explorados a pé. Sentar no andar de cima é uma aventura; não fique em pé por causa dos fios de luz e galhos das árvores (se fizer sol, lembre-se do protetor solar e use boné ou chapéu).

The Tourism Line is the easiest way to visit the main sights of Curitiba. Green double-decker buses (some old buses are still active) run from Tuesday to Sunday from 9am to 5:30pm at every half hour. The ticket costs R$ 20 and it allows you to hop on and off four times along the 25 stops. Children under 5 ride for free. The route is 27 miles long and, if you don't get off at any stop, it takes about 2,5 hours to complete it.

The tour starts at Tiradentes Square, the only stop running on time. On the other stops, traffic can cause a few delays. We suggest you read this guide while waiting for the next bus. Many tourist attractions downtown are close to each other and are best explored on foot. Sitting upstairs is an adventure; watch out for wires and tree branches when standing up (on sunny day, don't forget to wear sunscreen, a cap or a hat).

ROTA

ITINERARY

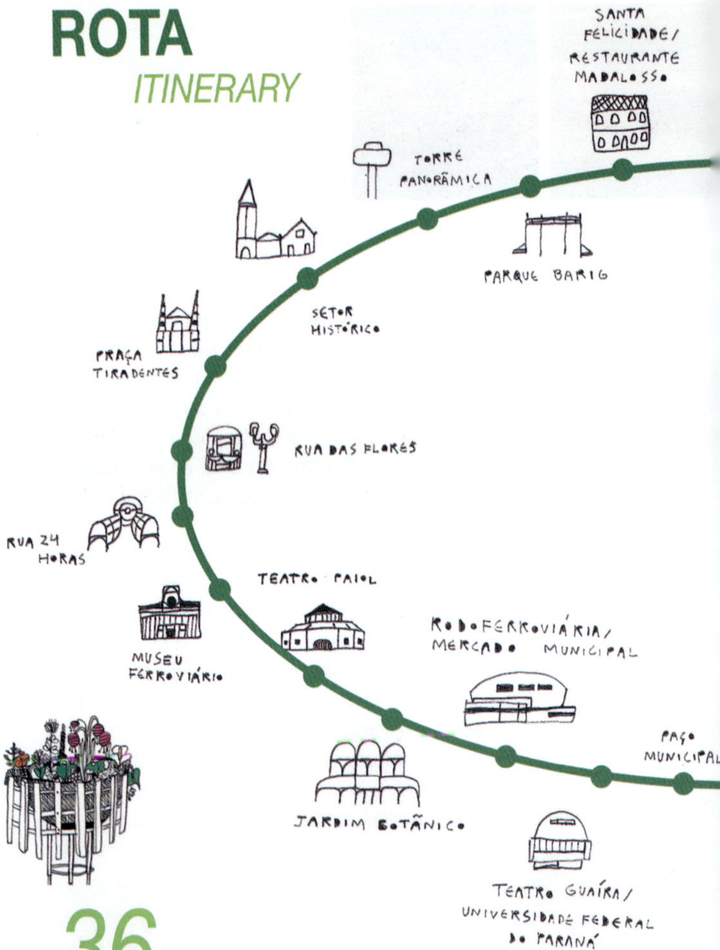

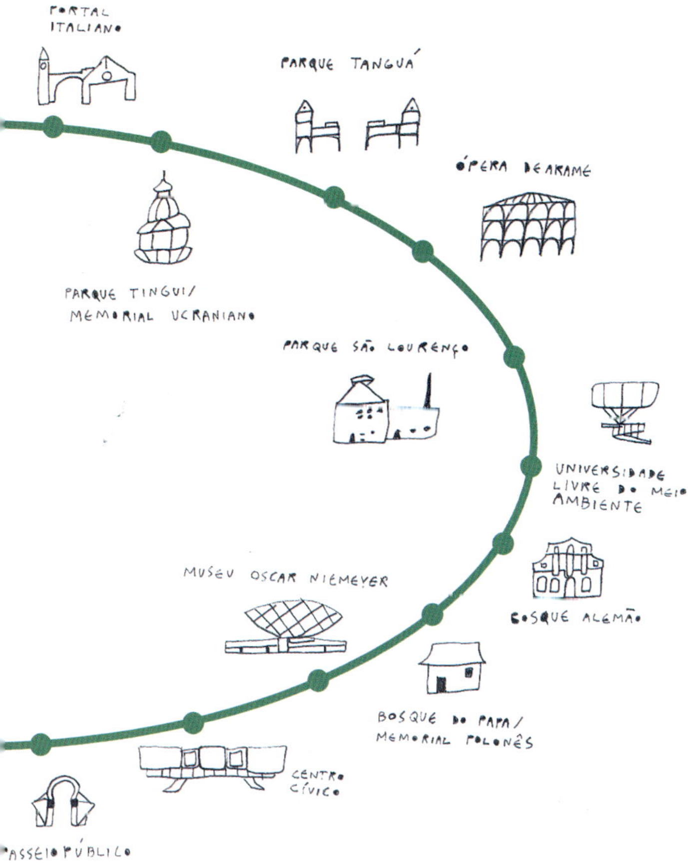
PORTAL ITALIANO
PARQUE TANGUÁ
ÓPERA DE ARAME
PARQUE TINGUI/ MEMORIAL UCRANIANO
PARQUE SÃO LOURENÇO
UNIVERSIDADE LIVRE DO MEIO AMBIENTE
MUSEU OSCAR NIEMEYER
BOSQUE ALEMÃO
BOSQUE DO PAPA/ MEMORIAL POLONÊS
CENTRO CÍVICO
PASSEIO PÚBLICO

Tiradentes, herói da Independência

Tiradentes, Brazil's Independence heroe

1. PRAÇA TIRADENTES

TIRADENTES SQUARE

Esta grande praça, onde fica a Catedral, está na região da fundação oficial da cidade, em 29 de março de 1693, com o nome de Vila de Nossa Senhora da Luz dos Pinhais (nome da padroeira da cidade). O Marco D'El Rey é uma pedra com o símbolo do Império Português e a inscrição REY erguida pelo Capitão Povoador, Mateus Leme. Antes disso já existia um povoado na área, iniciado com a descoberta do ouro na região, em 1639.

This large square, where the Cathedral is located, is where Curitiba was founded, on March 29, 1693. Its first name was Village of Our Lady of Light from the Woods (name of the patron saint of the city). You can see the D'El Rey milestone, a stone with the symbol of the Portuguese Empire and the inscription REY, erected by Mateus Leme, the first local authority. There was already a settlement in the area that began with the discovery of gold in the region in 1639.

O Marco Zero é de onde se medem todas as distâncias a partir de Curitiba. Note a grafia antiga dos locais inscritos nele. No centro da praça, uma parte do chão é recoberta por placas de vidro. Ali você pode ver alguns achados arqueológicos revelados durante a última reforma da praça, em 2008. Uma estátua de Getúlio Vargas, o controverso ex-presidente do Brasil, tem esculpido o texto de sua carta-testamento, dedicada aos brasileiros. Getúlio suicidou-se na noite de 24 de agosto de 1954, de pijamas, no Palácio do Catete (RJ).

A stone called Marco Zero is where all distances from Curitiba are measured. Notice the old spelling of places on the milestone. In the middle of the square, a glass covered area reveals part of archaeological findings excavated during the last renovation of the square in 2008. A statue of Getúlio Vargas, a controversial former president, has the text of his letter-testament dedicated to the Brazilians engraved in stone. Vargas committod suicide on the night of August 24, 1954, in his pajamas, in the Catete Palace (RJ).

庫里奇巴

Curitiba em chinês
Curitiba in Chinese

Há também uma estátua de Tiradentes, o mártir da Inconfidência Mineira, movimento que buscava a independência do Brasil. A Catedral foi inaugurada em 1893 para marcar os 200 anos da cidade. A construção foi inspirada na arquitetura gótica da Catedral de Barcelona. Em seu lugar estava a antiga Matriz, que protegia a imagem da santa padroeira, Nossa Senhora da Luz. O Papa João Paulo II elevou a Catedral à Basílica Menor em 1993. Dá para acender velas nos altares dos santos por R$ 0,70. Os vitrais valem a visita.

There is also a statue of Tiradentes, the martyr of the Minas Gerais Conspiracy, a movement seeking Brazil's independence from Portugal. The Cathedral was inaugurated in 1893 to mark the 200th anniversary of the city. Its architecture was inspired in Barcelona's Gothic style Cathedral. The old Matriz church used to stand there, protecting the imago of our patroness saint, Our Lady of Light. Pope John Paul II elevated the Cathedral to a Minor Basilica in 1993. You can light candles on the altars for the saints for R$ 0.70. The stained glass windows are worth the visit.

2. RUA DAS FLORES *FLORES STREET*

É o nome dado à zona de pedestres da Rua XV de Novembro, que vai da Praça Santos Andrade (UFPR e Teatro Guaíra) até a Boca Maldita e Praça Osório. Foi o primeiro calçadão do Brasil, inaugurado em 1972. Na época, os lojistas reclamaram, pois a rua tinha intenso tráfego de veículos. O "das Flores" vem dos inúmeros vasos de flores que foram instalados ao longo do calçadão.

This is the pedestrian area of the Rua XV de Novembro, starting at Santos Andrade Square (Federal University and Guaíra Theather) and finishing at Boca Maldita and Osório Square. It was the first pedestrian street in Brazil, opened in 1972. At the time, shopkeepers complained about it because the street used to have constant car traffic. The name "Flores" (flower) is because of the various flower pots placed along the street.

O Palácio Avenida, sede do banco HSBC, foi construído em 1929 por um imigrante sírio-libanês. Abrigava teatros e cafés. Foi reformado pelo antigo banco Bamerindus, comprado pelo HSBC. O teatro Paulo Autran fica ali. No fim do ano, o famoso espetáculo de Natal com show de luzes, fogos e música atrai curitibanos e turistas. Em frente ao Palácio você encontra o Bondinho da Fundação Cultural, que durante muitos anos ofereceu atividades para crianças.

The Palácio Avenida, headquarters of HSBC, was comissioned in 1929 by a Lebanese immigrant to house theaters, shops and cafés. It was remodeled by former Bamerindus bank and taken over by HSBC. The Paulo Autran Theater is there. Every year, the famous Christmas Show with lights, fireworks and music attracts tourists and Curitibanos alike. In front of the Palácio Avenida you will find the Cultural Foundation's red cable car. For many years it offered activities for kids.

O Edifício Garcez, na outra esquina, que hoje abriga a Facinter, também ficou pronto em 1929 e foi o nosso primeiro arranha-céu, com oito andares. A zona entre o Palácio Avenida e o Edifício Garcez é chamada de Boca Maldita, pois é onde os curitibanos se reúnem para falar dos acontecimentos e dos outros. Uma escultura do artista Benito Damo em forma de um dente gigante marca o local. Uma caminhada ao longo da Rua das Flores é uma pequena viagem no tempo, pois muitas construções tiveram suas fachadas tombadas, foram reformadas e hoje abrigam lojas e escritórios.

The Garcez Building, on the next corner, houses the Facinter College. It was also completed in 1929 and became our first skyscraper, with eight floors. The area between Palácio Avenida and the Garcez Building is called Boca Maldita (foul mouth). This is where Curitibanos meet to talk about daily events and to gossip. There is a sculpture by Benito Damo in the shape of a giant tooth. A walk along Flores Street is a time journey since many landmark buildings were renovated and turned into shops and offices.

Partes do calçadão de petit-pavé têm desenhos de pinhas e pinhões. Uma parada na Confeitaria das Famílias (a quatro quadras do Palácio) serve para experimentar o madrilenho, uma delícia folhada com doce de leite trazida para cá pelos imigrantes espanhóis, donos da confeitaria. Com um Chocomilk, não há nada mais curitibano. O calçadão termina na Praça Santos Andrade, parada 7 da Linha Turismo.

In some areas, the Portuguese style pavement (petit-pavé) has Araucaria pine and pine nut (pinhão) motifs. A stop at the Confeitaria da Famílias (four blocks from Palácio Avenida) is a must. Try a madrileño, a delicious pastry with dulce de leche, baked by the Spanish family who owns the pastry shop. There is nothing more Curitibano than having one with Chocomilk. The pedestrian street ends at Santos Andrade Square, stop number 7 of the Tourism Line.

3. RUA VISCONDE DE NACAR *VISCONDE DE NACAR STREET*

Sua atração principal, a Rua 24 Horas, está em reforma. Dali é fácil chegar até a Praça Espanha/Batel Soho (página 96). Uma corrida de táxi custa menos de R$ 10. Ou vá a pé, pela reformada e bem iluminada Rua Comendador Araújo. São quatro quadras até a Rua Presidente Taunay, onde ficam os Shoppings Crystal e Batel. Virando à direita na Taunay, são mais três quadras até a Alameda Carlos de Carvalho, onde fica a praça.

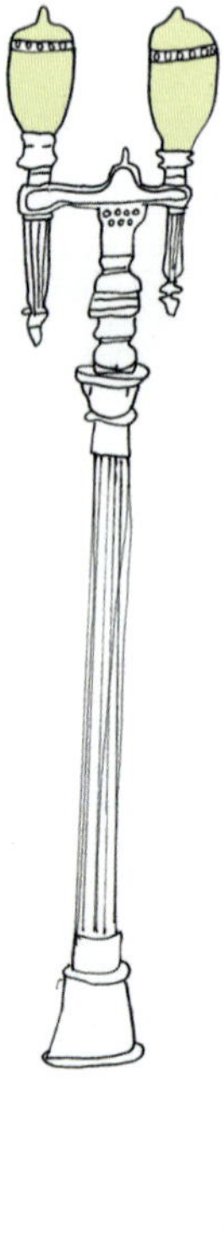

Its main attraction, the 24 Hours Street, is being renovated. It is easy to get to Praça Espanha/Batel Soho from there. A taxi ride costs less than R$ 10. You can also walk through the renovated and well lit Comendador Araújo street. It's four blocks until Presidente Taunay street, where you can find Crystal and Batel malls. If you turn right at Presidente Taunay and walk three blocks, you'll get to Carlos de Carvalho street. Praça Espanha (Spain Square) is to your left.

A CURITIBA DE ANGÉLICA FENLEY BELICH, EMPRESÁRIA

1. Passeio de ônibus pela Linha Turismo. Recomendo descer no Jardim Botânico, Ópera de Arame, Parque Tanguá e Largo da Ordem.

2. Noite é no TAJ. Cardápio indo-asiático e reduto de gente bonita, diariamente. DJs transformam a noite de domingo no melhor agito da cidade.

3. Passear pela Rua XV, da Boca Maldita até a Universidade Federal do Paraná, para ver gente de todas as tribos, de todas as idades.

4. Conferir peça ou show no Teatro Paiol. O lugar é muito bacana, tanto por fora quanto por dentro. Imperdível.

5. Passeio, cooper ou caminhada no Parque Barigui. Como não temos praia, em dia de sol é passeio alto astral e democrático.

Read the English version on page 113

4. MUSEU FERROVIÁRIO *RAILWAY MUSEUM*

A antiga estação de trem foi transformada no Shopping Estação Convention Center e Museu Ferroviário. É uma zona temática de entretenimento, com muitas lojas, cinemas e restaurantes.

The old train station was transformed into Estação Shopping Mall Convention Center and the Railway Museum. It is an entertainment center with many shops, cinemas and restaurants.

Museu Ferroviário

Railway Museum

5. TEATRO PAIOL

PAIOL THEATER

Entre as paradas 3 e 4 você vai passar pelo bairro Rebouças, cheio de barracões e depósitos. A Brahma e a Igreja Universal ficam por ali. Logo você chega ao Teatro Paiol, um depósito de pólvora de 1906. Foi transformado em teatro e inaugurado em 1971 com show de Vinicius de Moraes, um dos compositores de Garota de Ipanema. É o símbolo da Fundação Cultural de Curitiba. Se puder, assista a um espetáculo lá.

Between stops 3 and 4 you will pass through the Rebouças neighborhood, full of warehouses. The Brahma beer factory and the Universal Church are in this area. Soon you get to the Paiol Theater, a gunpowder deposit from 1906. Turned into a theater, it was reopened in 1971 with a concert by Vinicius de Moraes, one of the composers of The Girl from Ipanema. It is the symbol of the Cultural Foundation of Curitiba. If you can, you should watch a show or concert there.

Teatro Paiol
Paiol Theater

Espaço Cultural Frans Krajcberg

Frans Krajcberg's Cultural Center

6. JARDIM BOTÂNICO *BOTANIC GARDEN*

Uma das paradas mais populares da Linha, o Jardim Botânico é relativamente recente na paisagem curitibana. Inaugurado em 1991, tem flores, bosques e arbustos inspirados na geometria dos jardins franceses. A estufa de vidro foi inspirada em Kew Gardens e Crystal Palace, de Londres. Vá até o Espaço Cultural Frans Krajcberg, onde é possível ver mais de 110 esculturas de um dos artistas mais engajados no tema da preservação ambiental no Brasil.

One of the most popular stops along the Line, the Botanic Garden is relatively recent, opened in 1991. The flowers, gardens and plants are inspired in the geometrical French gardens. The greenhouse was copied from those in London's Kew Gardens and Crystal Palace. Visit Frans Krajcberg's Cultural Center, where you can see over 110 sculptures by one of the most environmentally engaged artists in Brazil.

7. RODOFERROVIÁRIA/ MERCADO MUNICIPAL

RAIL & BUS STATION/ CITY FOOD HALL

O Mercado Municipal e as ruas ao seu redor concentram armazéns e empórios que vendem alimentos de todo o mundo, como vinhos, queijos, especiarias, frutas, verduras e embutidos. Há restaurantes no andar superior do Mercado. No anexo, na Rua da Paz, fica o Mercado de Orgânicos.

The City Food Hall and surrounding streets are full of stores and emporiums selling food from all over the world, such as wines, cheeses, spices, fruits, vegetables and sausages. There are restaurants on the top floor of the Market. An annex, at Rua da Paz, is the Organic Food Market.

Rodoferroviária

Bus Station

8. TEATRO GUAÍRA/ UFPR

GUAÍRA THEATER/ UNIVERSITY (UFPR)

Em 1948 foi aberta uma concorrência de projetos arquitetônicos para o novo teatro. O de Rubens Meister ficou em terceiro lugar, mas foi escolhido por ser de vanguarda e a intenção era modernizar a cidade. Os três auditórios têm nomes oficiais, mas são mais conhecidos como Guairinha, Guairão e Miniauditório.

Na Praça Santos Andrade, em frente, fica o edifício da UFPR, em estilo neoclássico. A UFPR é a primeira universidade do Brasil, fundada em 1912. O calçadão da Rua das Flores começa ali e vai até a Praça Osório, parada 2 da Linha. Quem gosta de música clássica deve visitar a recém-reformada Capela Santa Maria, no antigo Colégio Marista. A Camerata Antiqua faz espetáculos frequentes no local. Em frente, o Teatro Caixa Cultural também tem uma programação intensa de shows e peças.

O mural na fachada do Teatro Guaíra é do artista curitibano Poty Lazzarotto, que tem obras espalhadas por toda a cidade, pelo Brasil e pelo mundo.

Guaíra Theater's façade is another masterpiece by local artist Poty Lazzarotto, whose works are scattered throughout the city, Brazil and the world.

In 1948 there was a bid for architectural designs for the new theater. Rubens Meister's bid came in third, but it was chosen because it is was avant-garde and people wanted to make Curitiba look modern. The three auditoriums have official names, but are best known as Guairinha, Guaira and Miniauditório.

At Santos Andrade Square, right in front, sits the neoclassical University building (UFPR), Brazil's first university, founded in 1912. Rua das Flores pedestrian zone starts here and goes all the way to Osório Square, bus stop number 2. Those who like classical music must visit the Santa Maria Chapel, where The Camerata Antiqua frequently performs. In front of the Chapel, the Caixa Cultural Theater has a varied selection of concerts and plays.

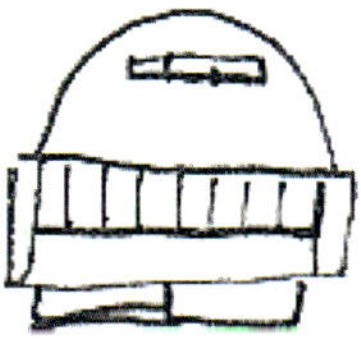

9. PAÇO DA LIBERDADE

PAÇO DA LIBERDADE

No lugar do primeiro Mercado Municipal de Curitiba foi construído o Paço da Liberdade, sede da prefeitura da cidade até 1969. Depois de anos de abandono, o edifício foi restaurado pelo SESC Paraná e reinaugurado em 2009 como centro cultural. Partes do piso são cobertas por vidro para que seja possível ver os mosaicos do piso do mercado, que funcionou no local de 1874 até 1912.

The Paço da Liberdade was built where the first City Food Hall used to be. It functioned as Curitiba's City Hall until 1969. After years of neglect, the building was restored and reopened in 2009 as a cultural center. Parts of the floor are protected with a glass cover in order to show the tiled floor of the old market, in operation from 1874 to 1912.

No Paço há cinema, sala para palestras, biblioteca, internet (dá para checar o seu e-mail de graça) e um dos cafés mais bonitos de Curitiba, com vista para a pequena Praça José Borges de Macedo, onde ficam as Arcadas do Pelourinho e o Mercado das Flores. Uma fonte com a estátua de Maria Lata d'Água marca o local do antigo pelourinho.

At the Paço there is a cinema, a lecture hall, a library, internet access for free and the most beautiful café in town, facing the small José Borges de Macedo square, where you can find the Arcades of the Pillory and a Flower Market. A fountain with Maria Lata d'Água's statue remembers the place where the old slave pillory used to be.

60

Maria Lata d'Água e o Paço da Liberdade

Paço da Liberdade and Maria Lata d'Água

Vale a pena visitar o Paço, principalmente nos fins de semana, quando há shows de música no café. No site myspace.com/pacodaliberdade dá para conferir a programação, ver os livros disponíveis na biblioteca e até mesmo assistir às palestras e shows ao vivo.

It's worth visiting the Paço during the weekends when there are music concerts at the café. The website myspace.com/pacodaliberdade lets you check out the concert schedules, the titles available at the library and also watch live lectures and shows.

10. MEMORIAL ÁRABE/PASSEIO PÚBLICO

ARAB MEMORIAL/ PASSEIO PÚBLICO

A arquitetura do Memorial Árabe é inspirada nas construções mouriscas. Ali funciona um Farol do Saber com muita informação sobre o Líbano. Dá para ler publicações em árabe e aprender um pouco sobre o Islã. Fica aberto de segunda a sexta-feira. Do outro lado da praça fica a entrada do Passeio Público, o primeiro parque de Curitiba.

The Arab Memorial's architecture was inspired in the Moorish buildings. There you can find a "Lighthouse of Knowledge" with a lot of information about Lebanon. You can read publications in Arabic and learn a little about Islam. It's open from Monday to Friday. On the other side of the square is the entrance to the Passeio Público, the city's first park.

كوريتيبا

Curitiba em árabe
Curitiba in Arabic

Memorial Árabe
Arab Memorial

O portal de entrada foi copiado do Cemitério de Cães de Paris. O Passeio tem algumas jaulas com macacos, aves e um lago artificial. O Shopping Mueller fica perto e é uma ótima sugestão para um pit stop. Mas antes passe pela Praça 19 de Dezembro para ver duas estátuas gigantes de um casal nu, do artista Erbo Stenzel. Durante anos eles ficaram separados (a mulher ficava escondida nos fundos do Palácio do Governo), já que a moral e os costumes dos cidadãos locais achavam um escândalo os dois estarem sem roupa e tão perto.

The park's gateway was copied from the Dog Cemetery in Paris. The Passeio Público has cages with monkeys, birds, and an artificial lake. Mueller Shopping Mall is nearby and is a great suggestion for a pit stop. But before getting there, visit the 19 de Dezembro Square to see two giant statues of a naked couple, by Erbo Stenzel, another local artist. For years they were apart (the woman was hidden in the back of the Government Building), because Curitibanos thought it scandalous and immoral to have both naked and so close.

הביוריטק

Curitiba em hebraico
Curitiba in Hebrew

A CURITIBA DE ROBERTO ARAD, ESTILISTA

1. Visitar as Exposições do Museu Oscar Niemeyer (MON) e da Galeria Ybakatu. www.ybakatu.com.br

2. Pegar um cinema no Espaço Unibanco, no Shopping Crystal.

3. Visitar a biblioteca e tomar café no Paço da Liberdade.

4. Fazer compras no Mercado Municipal.

5. Comprar revistas na Banca Bom Jesus (Rua Bom Jesus, 201, esquina com Augusto Stresser).

Read the English version on page 112

11. CENTRO CÍVICO

GOVERNMENT HEADQUARTERS

Linhas retas e construções de concreto lembram Brasília. Construído em 1953, o Centro Cívico concentra prédios do Governo do Estado do Paraná, a Prefeitura de Curitiba, o Banco Central, inúmeros escritórios de advocacia e bancos.

Straight lines and concrete buildings remind of Brasilia. Built in 1953, the Civic Center (Government Headquarters) is where one can find the seat of Paraná's power, the City Hall, Brazil's Central Bank, several law firms and banks.

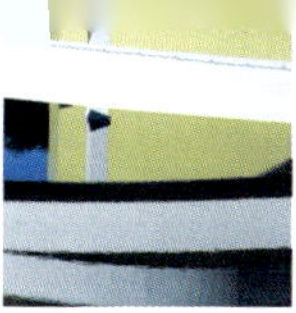

12. MON

OSCAR NIEMEYER MUSEUM

Parada obrigatória da Linha Turismo. Foi inaugurado em 2002 com o nome de Novo Museu, mas logo foi rebatizado de Museu Oscar Niemeyer (MON), em homenagem ao mais importante arquiteto brasileiro, responsável pelo projeto do espaço. Muitos também o chamam de Museu do Olho, por razões óbvias. A visita ao MON é legal por três motivos: a coleção permanente do museu, as exposições temporárias e a arquitetura impressionante.

The visit is a must. Opened in 2002 under the name of New Museum, it was soon renamed Oscar Niemeyer Museum (MON), honoring the most important Brazilian architect, who designed the place. Many people also call it the Eye Museum, tor obvious reasons. A visit to the MON is great for three reasons: the museum's permanent collection, its temporary exhibitions and the amazing architecture.

68

MON
MON

A entrada do museu é pelo vão livre. A bilheteria fica entre o café e a lojinha, que vende os catálogos das exposições, objetos de arte e design. Se quiser ir a pé até o Bosque do Papa/Memorial Polonês, a próxima parada da Linha, é só seguir a trilha pela floresta atrás do MON. A entrada fica perto do bar/restaurante Menina dos Olhos. São menos de 10 minutos de caminhada pelo bosque nativo.

The box office is together with the shop and café. The entrance is on the same level. Do not miss the chance to buy the beautiful cataloguos and design pieces at the shop. If you want to walk to the Bosque do Papa (Pope's Woods)/Polish Memorial, the next stop along the Line, just follow the track through the forest behind the MON. The entrance is near the bar/restaurant Menina dos Olhos. It's less than a ten-minute walk through native woods (bosque, in Portuguese).

13. BOSQUE DO PAPA/ MEMORIAL POLONÊS

BOSQUE DO PAPA/ POLISH MEMORIAL

Kurytyba

Curitiba em polonês
Curitiba in Polish

Você sabe o que é pierogi, bigos, barszcz? E quem foi Copérnico? Neste lugar dá para descobrir isso e muito mais. Diversas casas de madeira de encaixe, típicas das zonas rurais da Polônia, foram trazidas das colônias de imigrantes e montadas como um verdadeiro vilarejo polonês. Uma delas é a capela, outra a réplica de uma casa, com mesas, camas e armários típicos. Há uma estátua de Copérnico, o primeiro homem a falar que a Terra girava em torno do Sol e por isso foi queimado vivo pela Inquisição. O Memorial foi criado em homenagem à visita do Papa João Paulo II, que era polonês, em julho de 1980. A propósito, pierogi é o pastel típico polonês. Bigos é um prato de repolho azedo e refogado com carnes defumadas e barszcz é uma sopa de beterrabas com creme.

Bosque do Papa = *The Pope's Woods*

Do you know what pierogi, bigos and barszcz are? Do you know who Copernicus was? Here you can find it out and much more. Several wooden houses, built by Polish immigrants in the countryside, were brought in and assembled as in a typical Polish village. One of them is a chapel, another is a replica of a house, with wooden tables, beds and cupboards. There is a statue of Nicolaus Copernicus, the first man to say that the Earth revolved around the Sun. He was burnt on an Inquisition bonfire. The Memorial was built to commemorate Pope John Paul II's visit to Curitiba, in July 1980. By the way, pierogi is the typical Polish potato dough filled with cream, bigos is a dish made of sour cabbage and a stew of smoked meats and barszcz is a beetroot soup with sour cream.

14. BOSQUE ALEMÃO

GERMAN WOODS

Os primeiros imigrantes alemães chegaram aqui em 1833. Para homenageá-los, foi criado este bosque, onde é possível experimentar doces típicos da Alemanha como o apfelstrudel e a sachertorte, conhecer a arquitetura germânica no Portal e no Oratório de Bach e seguir a trilha no bosque com a história de João e Maria, escrita pelos Irmãos Grimm, até chegar à Casa Encantada, onde funciona uma biblioteca infantil.

The first German settlers arrived in Curitiba in 1833. To honor them, the city created this park, where you can try typical German desserts such as apfelstrudel and sachertorte. Get to know the Germanic architecture at the doorway and the Bach Oratorium. Follow a track in the woods which tells the story of Hansel and Gretel, written by the Grimm Brothers, until you reach the Enchanted House, where there is a children's library.

Bosque Alemão

German Woods

15. UNIVERSIDADE LIVRE DO MEIO AMBIENTE

ENVIRONMENTAL FREE UNIVERSITY

A Unilivre é uma OSCIP que desenvolve projetos relacionados à preservação ambiental através de palestras, cursos e consultoria. O prédio de toras de eucalipto fica em uma zona de mata nativa. Vale a pena subir a rampa em espiral para ver, do alto, a mata e o lago.

Unilivre develops projects related to environmental preservation through lectures, courses and consulting. The building, made of eucalyptus logs, is located amid a native forest. It's worth climbing up the spiral ramp to see from above the forest and the lake.

16. PARQUE SÃO LOURENÇO *SÃO LOURENÇO PARK*

Durante anos, foi o parque onde as crianças de Curitiba andam de carrinhos de rolimã nos fins de semana. Além da mata e da pista de corrida, há uma antiga fábrica de cola que foi transformada no Centro de Criatividade, com cursos, oficinas e teatro.

For many years this was the park where children ride on their wooden karts during the weekend. Apart from the forest and the racetrack, there is an old glue factory transformed into the Creativity Center, with courses, workshops and a theater.

17. ÓPERA DE ARAME/ PEDREIRA PAULO LEMINSKI *WIRE OPERA HOUSE/ PEDREIRAS PARK*

Mais uma parada muito popular entre os turistas. A Ópera de Arame é um teatro bem diferente. Construída em ferro tubular e vidro, foi criada para se integrar à mata e à agua que compõem a paisagem. Foi inaugurada em 1992 para a primeira edição do Festival de Teatro de Curitiba. Um delicioso café no nível do espelho d'água é ideal para uma parada estratégica em seu tour pela Linha Turismo.

Another very popular stop among tourists, the Wire Opera House is a very different theater. It was built with iron and glass to be integrated into the surrounding forest and lake. It was opened in 1992 for the first edition of Curitiba's Theater Festival. A delicious cup of coffee at the water level is ideal for a strategic stop in your tour around the city.

Grandes shows e eventos aconteceram na Pedreira, como os de José Carreras, Björk, The Killers, Roberto Carlos e Paul McCartney. Na Páscoa, a Paixão de Cristo é encenada no seu palco. Quando estiver no centro da Pedreira, feche os olhos e tente imaginar como era uma noite de lua cheia e milhares de pessoas dançando e cantando juntas ali.

Big concerts and events took place at the Pedreiras Park (José Carreras, Björk, The Killers, Paul McCartney and Roberto Carlos). During Easter, the Passion of Christ is staged there. When you get to the center of the Park, close your eyes and try to imagine what it was like to have a full moon in the sky and thousands of people dancing and singing together.

Pedreira Paulo Leminski

Pedreiras Park

Paulo Leminski (1944-1989) foi um dos grandes escritores-poetas do Brasil. De espírito irreverente e debochado, escreveu livros, letras de música, poesias e fez muitas traduções de escritores estrangeiros para o português. Sua vida ilustra um pouco a mistura de raças e culturas de Curitiba, pois sua mãe era negra e seu pai, polonês. Além disso, foi um expert em cultura japonesa e faixa-preta de judô.

Paulo Leminski (1944-1989) was one of Brazil's great writers/poets. With an irreverent spirit, he wrote books, lyrics, poetry and translated foreign writers into Portuguese. His life illustrates the mixture of races and cultures of Curitiba. His mother was black and his father, Polish. Moreover, he was an expert in Japanese culture and a black belt in judo.

18. PARQUE TANGUÁ *TANGUÁ PARK*

Inaugurado em 1996, o Parque Tanguá faz parte do complexo de preservação do Rio Barigui. Do mirante, se tem uma vista ampla do lago e dos bosques de araucária ao redor. Uma enorme cascata cai do paredão de pedra. Há também um belo jardim em homenagem ao artista Poty Lazzarotto, pistas de cooper e churrasqueiras.

Opened in 1996, the Tanguá Park is part of the Barigui River preservation area. From the upper level you can have a breathtaking view of the lake and the Araucaria woods around the park. A gigant cascade falls from the stone wall. There are also grills for barbecues, jogging tracks and the beautiful Poty Lazzarotto gardens.

A CURITIBA DE DANIELE BRITO, JORNALISTA

1. Levar as crianças para dar comida aos gansos e às carpas do lago do Parque São Lourenço.

2. Passear pelas calçadas de petit-pavé do bairro São Francisco em busca de bons achados nas lojas alternativas da região.

3. Comprar chá, vinho, pimenta e outras iguarias no Mercado Municipal aos sábados, que é o dia mais movimentado.

4. A Praça do Gaúcho aos domingos é a verdadeira "praia curitibana". Gente de todas as idades, sorvete e cervejinha gelada, além das manobras dos skatistas no half pipe.

5. O Bosque do Papa é o meu parque preferido. Adoro deitar no gramado e ficar olhando para o céu azul por entre as árvores.

Read the English version on page 114

19. PARQUE TINGUI *TINGUI PARK*

Outro parque curitibano que lota nos fins de semana. Na sua entrada, uma estátua de bronze do indígena Tindiquera, cacique da tribo dos Tinguis, que habitavam Curitiba na época em que chegaram os portugueses. As capivaras dividem espaço com aves, bicicletas e atletas. O rio que passa pelo parque é o Barigui, que do outro lado da Avenida Manoel Ribas entra no Parque Barigui. Um parque é continuação do outro.

This is another park that's packed on weekends. At its entrance, there is a bronze statue of Tindiquera, chief of the Tingui tribe, who lived in the area when the Portuguese arrived. Capybaras (those brown rodents) share space with birds, bicycles and athletes. The river that runs through the park is the Barigui, which, on the other side of the Manoel Ribas Avenue, enters into the Barigui Park. One park is the continuation of the other.

Ponte de madeira sobre o Rio Barigui no Tingui
Wooden bridge over Barigui River at Tingui

20. MEMORIAL UCRANIANO *UKRAINIAN MEMORIAL*

Os ucranianos chegaram aqui em 1895 e tiveram grande influência na cultura da cidade. No Parque Tingui, há um memorial em homenagem a eles. A construção, réplica da Igreja de São Miguel, localizada na Serra do Tigre, em Malet, segue as normas da religião ortodoxa: tem a cúpula oitavada revestida de cobre e o altar voltado para o leste. A loja vende as famosas pêssankas, ovos pintados à mão, que simbolizam o renascimento e fazem parte da tradição ucraniana, principalmente na época da Páscoa.

Куритиба

Curitiba em ucraniano

Curitiba in Ukrainian

The Ukrainians arrived in Curitiba in 1895 and have had a strong influence in the city's culture. At Tingui Park there is a memorial to commemorate their arrival. Its construction is a replica of St Michael's church in Malet, Paraná, and follows the norms of the Orthodox religion: the dome has an onion shape and the church's altar faces east. At the store you can find pysankas, which are hand-painted wooden eggs celebrating rebirth, especially during Easter.

21. PORTAL ITALIANO *ITALIAN GATEWAY*

Este portal serve para sinalizar a entrada de Santa Felicidade e foi inspirado na arquitetura das casas italianas típicas do bairro.

This gateway marks the entrance to Santa Felicidade. It was inspired in the neighborhood's typical Italian houses.

"Trabalhamos muito para incentivar o turismo e transformar o bairro num lugar gostoso de viver. As tradições italianas se mantêm vivas com a gastronomia, as festas da igreja e o grupo folclórico, que nos fazem voltar no tempo." Flora Madalosso, sócia do Restaurante Madalosso.

"We work hard to boost tourism and make Santa Felicidade a nice place to live in. The Italian traditions are kept alive. The food, church gatherings and the folkloric group take us back in time." Flora Madalosso, partner of the eponimous restaurant.

22. SANTA FELICIDADE *SANTA FELICIDADE*

Algumas estatísticas dizem que cerca de 40% da população paranaense é de origem italiana. Em Santa Felicidade, o número parece dobrar. O bairro é enorme e forma quase outra cidade. O nome é uma homenagem à senhora portuguesa Felicidade Borges, dona dos terrenos da região, que ajudou as inúmeras famílias de imigrantes pobres, na maioria agricultores, a comprarem as terras e se instalar no bairro.

Some statistics say that around 40% of Paraná's population is of Italian descent. In Santa Felicidade, the figure seems to double. The district is huge, almost another town. Its name is a tribute to Felicidade Borges (Happiness Borges), a Portuguese landowner who helped many poor immigrant families, mostly farmers, to purchase land and settle in the area.

A grande maioria das famílias é originária do Vêneto, no norte da Itália, por isso a rua principal foi batizada de Via Vêneto. Na bagagem eles trouxeram as receitas que hoje são servidas nos vários restaurantes do bairro. A cozinha é familiar, com vários pratos à mesa, principalmente a polenta frita e o frango à passarinho. Aproveite a oportunidade para conhecer o famoso Restaurante Madalosso.

The vast majority of families come from Veneto, northern Italy, so the main street was named Via Veneto. In their luggage they brought the recipes now served in many of the area's restaurants. The cuisine is "homey", with various dishes placed on the table, especially fried polenta and crispy chicken pieces. Take the opportunity to have a meal at the famous Madalosso Restaurant.

23. PARQUE BARIGUI *BARIGUI PARK*

Este parque foi criado em 1972 para conter as enchentes frequentes do Rio Barigui. Um dique retém o fluxo de água, que se transforma no lago. É, sem sombra de dúvida, um dos parques favoritos da cidade e pode ser considerado a "praia" dos curitibanos. Aos domingos, o parque é fechado para tráfego de veículos e as famílias vão para a beira do lago com cestas de piquenique, bolas, livros, músicas e animais de estimação.

No bosque, diversas churrasqueiras podem ser usadas pelos visitantes. Há também um restaurante e um bar no píer, além de carrinhos de pipoca, amendoim torrado, maçã-do-amor, algodão-doce, água de coco, caldo de cana e sorvete ao longo da pista de cooper. Muitas capivaras podem ser vistas bem de perto. Em certos dias do mês, carneiros são soltos para comer a grama.

This park was created in 1972 to hold back the frequent flooding of the Barigui River. A dam holds the water flow which turns into a lake. It is without doubt one of the city's favorite parks, considered Curitiba's "beach". On Sundays, traffic around the park is controlled and families sit by the lake with picnic hampers, balls, books, music and pets.

In the woods, several barbecues can be used by visitors. There is also a restaurant and a bar on the pier, apart from vendors of popcorn, roasted peanuts, candied apples, cotton candy, coconut water, sugar cane juice and ice cream along the jogging track. Many capybaras can be seen up close. On certain days of the month, sheep are let loose to eat the grass.

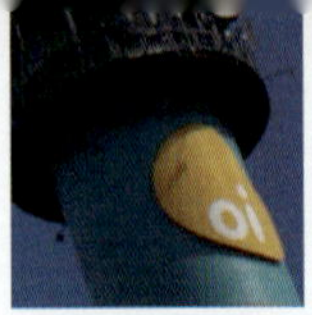

24. TORRE PANORÂMICA *PANORAMIC TOWER*

Construída pela antiga Telepar (por isso muita gente ainda a chama de Torre da Telepar), a Oi Torre Panorâmica é ideal para quem quer ver Curitiba de um dos pontos mais altos. Lá de cima (a 95 metros de altura) dá para observar em 360º a geografia curitibana, a Serra do Mar e a sua urbanização (zonas com arranha-céus, áreas de parques, eixos urbanos etc.). A entrada custa R$ 3 e a melhor hora para subir é durante o pôr do sol.

Built by former Telepar Phone Company (that's why many people still call it Telepar Tower), the Oi Panoramic Tower is ideal for those who want to see Curitiba from one of its highest points. At the top (312 feet) there is a 360º view of Curitiba, the surrounding mountain ranges, areas filled with skyscrapers, parks and so on. The entrance costs R$ 3 and the best time to go up is during sunset.

Oi Torre Panorâmica

Oi Panoramic Tower

Quer benzer seu carro? Os monges capuchinhos das Mercês têm vagas especiais no meio-fio para que carros possam parar e ser abençoados. Fica na Avenida Manoel Ribas, entre Julio Perneta e Brigadeiro Franco, a cinco quadras da Oi Torre Panorâmica. Dá para ver de longe o campanário marrom da igreja com a bandeira do Brasil no topo.

Do you want to have your car blessed? The Capuchin monks of Mercês have special parking on the curb so that cars can stop by and be blessed. It is on Manoel Ribas Avenue, between Julio Perneta and Brigadeiro Franco Streets, five blocks from the Oi Panoramic Tower. You can see from far away the church's brown bell tower with Brazil's flag at the top.

A CURITIBA DE GUILHERME WEBER, ATOR

1. A noite alternativa do James e do Wonka, cuja festa de véspera de Natal reúne curitibanos exilados, que voltam à cidade nessa época.

2. Andar pelas ruas do centro nas madrugadas de inverno e comer uma costela às sete da manhã com as prostitutas da Rua Cruz Machado, para conhecer a cidade de Dalton Trevisan.

3. Mergulhar nas letras de Paulo Leminski, Dalton Trevisan, Cristovão Iezza, Jamil Snege, Valêncio Xavier, Roberto Prado, José Castelo, Wilson Bueno, Thadeu Wojciechowski e Sérgio Viralobos.

4. Aproveitar os parques. O meu preferido é o Bosque do Papa. Tome um chá da tarde no café polonês e entenda de onde vem o temperamento da cidade.

5. Fique atento às apresentações da extinta Beijo AA Força, que de vez em quando volta das profundezas da noite. Não perca também os shows do "samba de polaco" do Maxixe Machine e da ótima Wandula.

Read the English version on page 115

25. SETOR HISTÓRICO

OLD TOWN

Também chamado de Largo da Ordem, é onde acontece, todos os domingos, a famosa Feirinha de Artesanato ou Feirinha Hippie. As ruas são cheias de construções de época bem preservadas. As igrejas da Ordem (1737), do Rosário (1946) e Presbiteriana dividem espaço com a Casa Romário Martins, a Sociedade Garibaldi, as Ruínas de São Francisco, o Relógio das Flores, o Memorial de Curitiba, o Museu de Arte Sacra e a Fonte da Memória. Atrás da Sociedade Garibaldi há uma bonita construção art-nouveau, o Belvedere e, a uma quadra dali, a Mesquita de Curitiba, em estilo islâmico. Durante o dia, as lojas de artesanato e as igrejas servem de distração para os turistas. Mas é no fim de tarde, principalmente de quinta a domingo, que o Largo fica mais animado, com mesas de bar nas ruas, shows e muita gente bonita. Um dos bares mais tradicionais da cidade, o Schwarzwald, ou Bar do Alemão, serve diversos tipos de salsichas, as wursts, e a famosa carne de onça.

Fim da Linha Turismo.

Also called Largo da Ordem, here is where the famous handicraft market or hippie market takes place every Sunday. Old town's streets are full of well preserved buildings such as the Churches of the Order (1737), of Rosario (1946) and Presbyterian.They are side by side with other interesting places like the Romário Martins House, the Garibaldi Society, the Ruins of St. Francis, the Flower Clock, the Memorial de Curitiba, the Sacred Art Museum and the Fountain of Memory. The square behind the Garibaldi Society houses a beautiful art-nouveau building called the Belvedere and a block away is the Mosque of Curitiba, in Islamic style. During the day, souvenir shops and churches serve as a distraction for tourists. But late afternoon, mainly Thursdays through Sundays, the square becomes full of life, with bar tables lined on the sidewalks, concerts and beautiful people. One of the most traditional bars in town is the Schwarzwald, or Bar do Alemão, serving various kinds of German sausages, the wursts, and the famous carne de onça (tiger's meat).

This is the Tourism Line's last stop.

COOLRITIBA, OS LUGARES BACANAS DA CIDADE

THE COOLEST PLACES IN TOWN

1. PRAÇA DA ESPANHA/ BATEL SOHO

As ruas ao redor da Praça da Espanha, no Batel, são cheias de bares, cafés, bistrôs, restaurantes, livrarias, lojas de decoração e design. É um local perfeito para quem gosta de ver gente bonita, coisas diferentes e fazer compras fora de um shopping. Nos fins de semana há shows de música e a galera que mora por perto vem encontrar os amigos na praça e visitar a Feira de Antiguidades. Não restrinja sua visita somente à praça. Caminhe ao longo das Ruas Presidente Taunay, Vicente Machado, Coronel Dulcídio, Dom Pedro II, Fernando Simas e Augusto Stellfeld.

The streets around the Praça da Espanha, in Batel, are full of bars, cafés, bistros, restaurants, book stores and design shops. It is the perfect place for those who like seeing beautiful people and going shopping outdoors. On weekends there are music concerts and those who live nearby come to meet friends in the square and browse the Antiques Market. Walk along the streets President Taunay, Vicente Machado, Coronel Dulcídio, Dom Pedro II, Fernando Augusto Simas and August Stellfeld to discover the area's atmosphere.

쿠리치바

Curitiba em coreano
Curitiba in Korean

2. BAIXO BATEL

A Avenida do Batel é um dos endereços de maior glamour em Curitiba. Até os anos 1980 a tradição era passear de carro por lá aos domingos à tarde e ficar paquerando no congestionamento. Muita coisa mudou, mas os casarões continuam de pé, muitos transformados em bancos, escritórios e casas de evento, como o Castelo do Batel.

Mas é entre a Praça do Batel e a Avenida Mário Tourinho, quando a rua já nem se chama mais Avenida do Batel, e sim Bispo Dom José, que a vida noturna de Curitiba é mais agitada. São diversos bares, um ao lado do outro, oferecendo os mais variados estilos de música e público. Dá para ir de bar em bar experimentando petiscos, conhecendo gente e dançando até o dia amanhecer.

Batel Avenue is one of the most glamorous addresses in Curitiba. Until 1980's people would drive along the avenue on Sunday afternoon to flirt while stuck in traffic. A lot has changed, but the big houses are still standing, many turned into banks, offices, and venues, such as the Castelo do Batel.

However, it's between the Batel Square and Mario Tourinho Avenue, where the street is no longer called Batel but Bispo Dom José, that Curitiba's nightlife is at its busiest. There are several bars, one beside the other, offering various styles of music for an ever changing audience. You can go bar hopping trying snacks, meeting people and dancing until dawn.

3. SÃO FRANCISCO

Entre o Shopping Mueller e o Largo da Ordem está surgindo uma nova zona de comércio de rua e vida noturna alternativa ao redor da Galeria Lúdica. Os locais ainda estão um pouco espalhados, mas a região está ficando mais segura e com cada vez mais atrativos.

Between Mueller Mall and Largo da Ordem a new shopping and entertainment area is emerging with cool stores and an indie nightlife around the Ludica Gallery. The sites are still somewhat scattered, but the area is getting safer and more attractive.

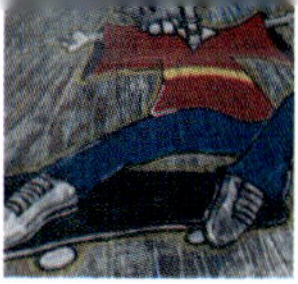

4. JARDIM AMBIENTAL E ALTO DA XV

Há poucos anos havia raras opções de lazer nessa região primordialmente residencial. Há cerca de cinco anos começaram a pipocar diversos bares, cafés e lojas descoladas por lá. Hoje os moradores não precisam mais atravessar a cidade para se divertir. A rua mais animada é a Itupava. A Feira Livre da Rua Alberto Bolliger, aos sábados de manhã, também é um agito.

A few years back there were few leisure options in this area, which is primary residential. About five years ago several bars, cafés and trendy shops started to pop up. Nowadays residents no longer need to cross the city to have fun. The lively street is Itupava. The open food market at Alberto Bolliger street on Saturday morning attracts a nice mixed crowd.

Κουριτίμπα

Curitiba em grego
Curitiba in Greek

CURITIBINHA

CURITIBA FOR KIDS

Curitiba é uma cidade cheia de programas para crianças. Um fim de semana ideal pode começar na feira do Alto da XV, na Rua Alberto Bolliger. O clima é animado e vocês podem comer pastel com Wimi. Às 11 horas da manhã tem contação de histórias na Bisbilhoteca, uma livraria especializada em literatura infantil na Praça da Espanha. À tarde, siga para o Zoológico. Reserve alguns momentos de paz na Casa da Leitura. Há duas unidades – uma no Parque Barigui e outra no Parque São Lourenço.

O domingo pode começar no Bosque Alemão. Além de seguirem a trilha de João e Maria pintada em azulejos, as crianças podem parar na Casa Encantada para ouvir uma história na Hora do Conto (há sessões às 11 e às 16 horas). O almoço em Santa Felicidade é tradição e não há criança que resista ao frango com polenta. Para a tarde, uma boa opção são as peças infantis do Teatro Dr. Botica, no Shopping Estação.

Uma tradição é levar os filhos para dar de presente chupetas e mamadeiras para a bruxa da Casa Encantada, no Bosque do Alemão.

There is a tradition in which parents take their children to give their pacifiers and bottles to the witch who lives at the Enchanted House, in Bosque do Alemão.

Curitiba is a city full of attractions for children. An ideal weekend starts at the street market at Alberto Bolliger street. The atmosphere is lively and you can eat cheese "pastel" with Wimi. At 11am there is storytelling at Bisbilhoteca, a children's bookstore in Batel Soho. In the afternoon, go to the Zoo or take a few moments of peace and quiet at the Casa de Leitura (Reading House). There are two branches, one at Barigui Park and another at São Lourenço Park.

Start Sunday at Bosque do Alemão, following Hansel and Gretel's trail. Kids can stop at the Enchanted House to listen to a story at Story Time (11am and 4pm). Lunch at Santa Felicidade is a tradition and no children can resist the chicken with polenta. In the afternoon, a good option would be Dr. Botica's plays at Estação Shopping Mall.

O ANO
THE YEAR

Festas e eventos com data marcada no calendário oficial da cidade, que podem ser um bom motivo para voltar:
Celebrations and events that take place yearly and are good reasons to come back:

VERÃO *SUMMER*

DEZ *DEC*
Natal HSBC *HSBC's Christmas Show*
JAN *JAN*
Oficina de Música *Music Festival*
FEV *FEB*
Festa da Uva *Grape Festival*
Psycho Carnival *Psycho Carnival*

OUTONO *FALL*

MAR *MAR*
Campeonato Mundial WTCC
WTCC Racing Championship
Festival de Curitiba *Theater Festival*
Aniversário de Curitiba *City's Anniversary*
Country Festival *Country Music Festival*
ABR *APR*
Hana Matsuri *Japanese Festival*
Paixão de Cristo *Passion of Christ*

INVERNO
WINTER

JUN ***JUN***

Festa de N. S. do Perpétuo Socorro
Our Lady of Socorro Festival
Parada do Orgulho GLBT
Gay Pride Parade

JUL ***JUL***

Festival Folclórico de Etnias
Ethnic Group's Folkloric Festival
Festa do Frango e da Polenta
Chicken and Polenta Festival
Feira de Sabores do Paraná
Paraná Flavors Fair

PRIMAVERA
SPRING

SET ***SEP***

Festa da Luz *Festival of Lights*
Haru Matsuri – Mercado Matsuri
Haru Matsuri Festival – Matsuri Market

NOV ***NOV***

Maratona de Curitiba *Curitiba Marathon*
Festa de Santa Rita de Cássia
Saint Rita de Cassia Festival

ARREDORES
ESCAPES

Outros lugares para visitar aqui por perto.
Nearby escapes for a quick visit.

MORRETES

A viagem de trem até a cidade litorânea de Morretes é uma das mais recomendadas pelos guias e cadernos de viagens por ser inesquecível, principalmente se faz sol. A estrada de ferro sinuosa desce a Serra do Mar, passando por precipícios verdes, cachoeiras e ruínas históricas. O trem sai todos os dias de Curitiba, mas é nos fins de semana que o trajeto pode ser feito na charmosa litorina.

The unforgettable train journey to the coast town of Morretes is highly recommended by travel guides, especially on a sunny day. The scenic rail journey goes down the mountain range through green cliffs, waterfalls and historic ruins. The train leaves Curitiba every day, but it's on weekends that the journey can be done on the charming Litorina Train.

Morretes refletida no Rio Nhundiaquara

Morretes' reflextion on the Nhundiaquara river

ILHA DO MEL

Quem gosta de natureza vai adorar a Ilha do Mel. Lá não há carros. O acesso se dá pelas embarcações que saem de Pontal do Sul ou de Paranaguá. Em noites de lua cheia dá para ver os plânctons fosforescentes. O agito fica na Praia de Encantadas. Para os surfistas, as melhores ondas ficam na Praia Grande e na do Farol. Não perca o pôr do sol na Fortaleza. De Paranaguá, as barcas saem às 8 horas da manhã e o trajeto leva 1h45 (a volta é às 17 horas). De Pontal do Paraná, o trajeto dura apenas 30 minutos e as barcas saem de hora em hora, conforme a lotação.

Those who like to be in contact with nature will love Ilha do Mel. The access is by boat from Pontal do Sul or Paranaguá. On full moon nights you can swim in the clear waters and see the phosphorescent plankton. The buzz is on Encantadas beach. For surfing, the best waves are at Praia Grande and Praia do Farol. Do not miss the sunset at the Fortress. There are many charming inns to choose and the boat journey is fast. From Paranaguá they leave at 8am taking 1h45min (it returns at 5pm). From Pontal do Paraná, the journey takes only 30 minutes and boats leave every hour.

Ilha do Mel

Ilha do Mel

FOZ DO IGUAÇU

As Cataratas do Iguaçu são o segundo destino turístico mais popular do Brasil. O volume de água, a quantidade de cachoeiras e a proximidade com a natureza fazem da visita ao Parque Nacional do Iguaçu um dos "1000 Destinos para Visitar Antes de Morrer". O parque tem uma ótima estrutura para os visitantes. Dá para chegar bem perto das quedas d'água, em botes de borracha, com o Macuco Safari.

Uma visita à Usina Hidrelétrica de Itaipu também é muito interessante e há ainda mais água do que nas Cataratas quando o lago está cheio e é preciso escoar o excesso. Quem gosta de compras pode cruzar a Ponte da Amizade e divertir-se com os artigos importados nas lojas de Ciudad Del Este, no Paraguai. E os que gostam de jogar roleta, caça-níqueis e bacará podem aproveitar os cassinos de Puerto Iguazú, do lado argentino.

Iguaçu Falls are the second most popular tourist destination in Brazil. The volume of water, the amount of waterfalls and closeness to nature make the visit to Iguaçu National Park one of the "1000 Destinations to Visit Before You Die." The park has excellent facilities for visitors. You can get very close to the waterfalls in rubber boats, at the Macuco Safari.

A visit to the Itaipu Hydroelectric Plant is also interesting and there is even more water than at the Falls. When the reservoir is full, excess water must be drained. Those who like shopping can cross the Friendship Bridge and have fun at stores in Ciudad Del Este, Paraguay. For those who like to play roulette, slots and baccarat the casino in Puerto Iguazú on the Argentine side is a good bet.

CURITIBA BY ROBERTO ARAD, FASHION DESIGNER

1. Visit the exhibitions at the Oscar Niemeyer Museum and Ybakatu Gallery.

2. Watch a movie at the Espaço Unibanco, Crystal Mall's cinema.

3. Visit the library and have a coffee at the Paço da Liberdade.

4. Grocery shopping at the City Food Hall.

5. Buy magazines at the Bom Jesus newsstand.

CURITIBA BY ANGÉLICA FENLEY BELICH, BUSINESSWOMAN

1. Tourism Line. I recommend getting off at the Botanic Garden, the Wire Opera House, Tanguá Park and Largo da Ordem (Old Town).

2.Night out at TAJ Bar. It serves fusion food and has lots of beautiful people every night. DJs turn Sunday evenings into the best party in town.

3. Walk along Rua XV (Flores Street), from Boca Maldita to the Federal University of Paraná (UFPR), to see people of all tribes and ages.

4. Watch a play or a concert at the Paiol Theatre. The place is very cool, both from the outside and the inside. It's a must.

5. Stroll, jog or walk at Barigui Park. As there isn't any beach in town, sunny days are upbeat and democratic.

CURITIBA BY DANIELE BRITO, JOURNALIST

1. Take the children to feed the geese and the carps at São Lourenço Park.

2. Stroll down the petit-pavé sidewalks at São Francisco neighborhood in search of something cool to buy at the hip shops.

3. Buy tea, wine, pepper and other delicacies at the City Food Hall on Saturdays, its busiest day.

4. The Gaucho's Square on Sunday is definitely our "beach". There are people of all ages, ice cream, cold beer and the maneuvers of skateboarders on the half pipe.

5. The Bosque do Papa is my favorite park. I love lying on the lawn and staring at the blue sky through the tree branches.

CURITIBA BY GUILHERME WEBER, THEATRE AND TV ACTOR

1. James and Wonka indie nights. Many Curitibanos "exiles" who return home for the holidays gather here for the Christmas Party.

2. Wander around downtown's wintry streets late at night and have a "costela" (rib on a spit) with the prostitutes at Cruz Machado street to get to know Dalton Trevisan's city.

3. Immerse yourself in the writings of Paulo Leminski, Dalton Trevisan, Christóvão Tezza, Jamil Sneg, Valêncio Xavier, Roberto Prado, José Castelo, Wilson Bueno, Thadeu Wojciechowski and Sergio Viralobos.

4. Enjoy the parks. My favorite is Bosque do Papa. Have an afternoon high tea at the Polish café to understand where the city's mood come from.

5. Stay tuned for performances of the former Beijo AA Força band. Once in a while they come back from the depths of the night. Do not miss the "samba de polaco" show from Maxixe Maxine and the great Wandula.

SERVIÇOS
SERVICES

DDD 41

TRANSPORTE
GETTING AROUND

AEROPORTO – CENTRO – AEROPORTO
Além de táxis, há o serviço Aeroporto Executivo, um micro-ônibus que circula entre pontos do centro da cidade (Rodoferroviária, Teatro Guaíra, Shopping Estação etc.) e o Aeroporto Afonso Pena por R$ 8.

aeroportoexecutivo.com.br

Os táxis alaranjados, quando levam passageiros de Curitiba ao aeroporto, cobram um adicional ao valor do taxímetro.

FROM THE AIRPORT
There is a bus service called Aeroporto Executivo running from the airport at regular intervals to several points downtown. The fare is R$ 8 one way. Taxis are also an option, albeit more expensive.

The orange colored taxis, when driving from downtown to the airport, charge an extra fee over the meter's fare.

Táxi Sereia	0800 415 252
Táxi Capital	0800 600 6666
Táxi Faixa Vermelha	0800 41 41 41

HOTÉIS
HOTELS

SANTA FELICIDADE

Tulip Inn
Av. Manoel Ribas, 5480
3075 5000
tulipinnsantafelicidade.com.br

CENTRO

Bourbon & Tower
R. Cândido Lopes, 102
3221 4600
bourbon.com.br

Mabu Royal & Premium
Praça Santos Andrade, 830
3219 6000
hoteismabu.com.br

Deville Rayon
R. Visconde de Nácar, 1424
2108 1100
deville.com.br

San Juan Royal
R. Cândido de Abreu, 468
3302 9300
sanjuanhoteis.com.br

BATEL

Four Points Sheraton
Av. 7 de Setembro, 4211
3340 4000
starwoodhotels.com

HOTÉIS
HOTELS

Pestana Curitiba
R. Comendador Araújo, 499
3017 9900
pestana.com

Radisson
Av. 7 de Setembro, 5190
3351 2222
radisson.com

Slaviero Full Jazz
R. Silveira Peixoto, 1297
3312 7000
slavierohoteis.com.br

Mercure Curitiba Batel
R. Alf. Ângelo Sampaio, 1177
3342 9350
mercure.com.br

Bristol Brasil 500
R. Des. Motta, 1499
3021 1500
bristolhoteis.com.br

SÃO FRANCISCO

Crowne Plaza
R. Pres. Carlos Cavalcanti, 600
41 3204 4000
crownecuritiba.com.br

HOTÉIS
HOTELS

Ibis Centro Cívico
R. Mateus Leme, 358
3324 0469
ibis.com.br

RODOFERROVIÁRIA

Slaviero Rockefeller
R. Rockefeller, 11
3023 2330
slavierohoteis.com.br

Formule 1
R. Mariano Torres, 927
3218 3838
formule1.com.br

ARREDORES

Hotel La Dolce Vita
Tijucas do Sul
3634 8900
hotelladolcevita.com.br

Bristol Capivari Eco Resort
Campina Grande do Sul
3595 4000
bristolhoteis.com.br

BARES, CAFÉS E RESTAURANTES

PUBS, COFFEE-SHOPS AND RESTAURANTS

SANTA FELICIDADE

Restaurante Famiglia Fadanelli
Av. Manoel Ribas, 5667
3372 1616
pratos tradicionais italianos à la carte
traditional Italian dishes à la carte

Restaurante Madalosso
Av. Manoel Ribas, 5875
3372 2121
típica comida italiana curitibana
typical Italian food from Curitiba

Restaurante Dom Antonio
Av. Manoel Ribas, 6121
3273 3131
rodízio de massas, frango à passarinho e polenta
polenta, fried chicken and pasta

Restaurante Chalet Suisse
Rua Francisco Dallalibera, 1428
3364 7889
cardápio europeu refinado
upscale European menu

PRAÇA ESPANHA / BATEL SOHO

Fabiano Marcolini Pães e Doces
Al. Dr. Carlos de Carvalho, 1181
3223 8085
padaria, café e confeitaria
fresh bread, coffee and pastries

BARES, CAFÉS E RESTAURANTES

PUBS, COFFEE-SHOPS AND RESTAURANTS

Vin Bistrô

Rua Fernando Simas, 260
3225 3444
cozinha internacional e ótimos vinhos
international menu with great wines

Liqüe

Av. Vicente Machado, 866
3322 0900
casa noturna badalada
trendy night club

Restaurante Ed Vino

Al. Presidente Taunay, 533
3222 0037
ótima cozinha e ambiente trendy
trendy atmosphere and great food

Bar e Restaurante Babilônia

Al. Dom Pedro II, 541
3566 6464
bar restaurante aberto 24 horas
restaurant-bar opened 24-hours a day

BAIXO BATEL

Soviet Vodka Bar

Av. Bispo Dom José, 2277
3022 2042
vodcas e comida russa
vodkas and Russian food

BARES, CAFÉS E RESTAURANTES

PUBS, COFFEE-SHOPS AND RESTAURANTS

Mercearia Bresser
Av. 7 de Setembro, 5831
3029 0880
pizzas maravilhosas
wonderful pizzas

Churrascaria Batel Grill
Av. Nossa S. Aparecida, 84
3342 8101
rodízio de carnes, massas e variado buffet
meat, pasta and salad bar

TAJ Bar & Es Vedrà Club
R. Bispo Dom José, 2260
3343 4467
happy hour e sushi bar
happy hour and sushi bar

Restaurante Baalbek
R. Bispo Dom José, 2655
3243 2222
saborosa comida libanesa
savory Lebanese food

SÃO FRANCISCO / LARGO DA ORDEM

Oli Gastronomia
R. Senador Saraiva, 255
3016 8696
do café da manhã ao jantar
from breakfast to dinner

BARES, CAFÉS E RESTAURANTES

PUBS, COFFEE-SHOPS AND RESTAURANTS

Galeria Lúdica Café
R. Inácio Lustosa, 367
3233 6092
café em ambiente criativo
coffee in a creative environment

Restaurante Baviera
R. Augusto Stellfeld, 18
3232 1995
a melhor sopa de cebola da cidade
the city's best onion soup

Restaurante Durski
R. Jaime Reis, 254
3225 7893
cozinha internacional variada
varied international cuisine

Bar Schwarzwald
R. Claudino Santos, 63
3223 2585
tradição curitibana
one of Curitiba's traditions

Wonka Bar
R. Trajano Reis, 326
3026 6272
galera descolada
cool young crowd

BARES, CAFÉS E RESTAURANTES

PUBS, COFFEE-SHOPS AND RESTAURANTS

ALTO DA XV / JUVEVÊ

Jacobina Bar e Restaurante

R. Almirante Tamandaré, 1365
3016 6111
clima de boteco
boteco atmosphere

Beto Batata

R. Professor Brandão, 678
3262 0840
batata suíça e bom papo
Swiss rösti and good conversation

Restaurante Vindouro

R. Guarda-mor Lustosa, 129
3027 0700
ótimo cardápio e vinhos
great menu and wines

Cantina do Délio

R. Itupava, 1094
3078 0010
ambiente descontraído
lively atmosphere

Restaurante Spring

R. Euzébio da Mota, 647
3359 4603 (somente almoço - *only for lunch*)
ótimo buffet de saladas e carnes por quilo
great selection of salads and meats "by kilo"

SHOPPING CENTERS

SHOPPING MALLS

Shopping Mueller
Av. Cândido de Abreu, 127 – Centro Cívico
shoppingmueller.com.br

Shopping Curitiba
Rua Brigadeiro Franco, 2300 – Batel
shoppingcuritiba.com.br

ParkShopping Barigüi
Rua Pedro Viriato P. de Souza, 600 – Ecoville
parkshoppingbarigui.com.br

Shopping Estação
Av. 7 de Setembro, 2775 – Rebouças
shoppingestacao.com

Shopping Crystal Plaza
Rua Comendador Araújo, 731 – Batel
crystalplaza.com.br

Shopping Palladium
Av. Presidente Kennedy, 4121 – Portão
shoppingpalladium.com.br

FOTÓGRAFOS
PHOTOGRAPHERS

As fotos que ilustram este guia foram feitas pelos alunos da turma Liberdade Fotográfica, da escola de fotografia Portfolio, de Curitiba. São olhares, detalhes e interpretações de como cada um vê a cidade.

The photographs illustrating this guidebook were taken by a group of students called Photographic Freedom, part of the Portfolio photography school in Curitiba. They are looks, details and personal interpretations of the city they live in.

Editor de fotografia
Photo Editor

Nilo Biazzetto

Portfolio escola de fotografia

Fotógrafos
Photographers

Wagner Pace

Sergio Vanalli

Lyris Godoy

Eduardo Belz

Regina Oleski

Paula Machado

Heloísa Domingues

Kristiane Foltran Rodrigues

J. Guillon

Cleber Yamaguchi

Adriana Cecilia Kososki

Monica Macedo

Rodrigo Janasievicz

Melanie d'Haese

TCHAU

BYE